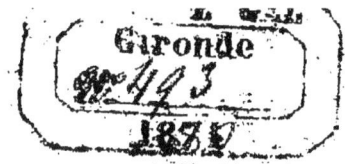

RECTIFICATIONS IMPORTANTES

AUX

COMPTES RENDUS

DU

BANQUET LÉGITIMISTE

DE BORDEAUX

NOTAMMENT

à ceux de la GUIENNE

suivies du

MÉMORABLE DISCOURS DE M. DESMIRAIL,
Ancien Procureur général sous Charles X.

2ᵉ ÉDITION

Prix : 15 centimes

BORDEAUX

IMPRIMERIE GÉNÉRALE D'ÉMILE CRUGY
16, rue et hôtel Saint-Siméon, 16
1880

RECTIFICATIONS IMPORTANTES

AUX

COMPTES RENDUS

DU

BANQUET LÉGITIMISTE

DE BORDEAUX

NOTAMMENT

à ceux de la GUIENNE

suivies du

MÉMORABLE DISCOURS DE M. DESMIRAIL,
Ancien Procureur général sous Charles X.

2ᵉ ÉDITION

Prix : 15 centimes

BORDEAUX
IMPRIMERIE GÉNÉRALE D'ÉMILE CRUGY
16, rue et hôtel Saint-Siméon, 16
1880

OBSERVATIONS PRÉLIMINAIRES

Nous voyons enfin paraître aujourd'hui, 15 octobre courant, la brochure annoncée par la *Guienne* dans le compte rendu incomplet qu'elle a donné le surlendemain de la fête du 29 septembre.

Pour lui venir en aide, nous lui avions proposé d'insérer, dans son numéro du 2, un article sous forme de lettre à l'adresse du *Journal de Bordeaux*, pour relever les erreurs et les fausses appréciations qui avaient été lues dans le compte rendu de ce journal et dans celui de la *Gironde*, dès le 1er octobre.

Notre article a été impitoyablement refusé après cinq jours employés par Messieurs les Directeurs de la *Guienne* à rendre inutiles nos confiantes démarches, en rejetant les uns sur les autres la responsabilité de l'insertion et l'inconvenance du refus.

La brochure est donc venue trop tard pour rectifier les récits et les jugements de nos adversaires; mais au moins pouvait-elle ne rien omettre de ce qu'il y avait eu de nouveau dans la cérémonie religieuse et dans celle du banquet. Le temps ne lui avait pas manqué pour pouvoir être informée de tout et renseigner complètement le public. On a fait, sous ce rapport, la part du chant ; elle lui était due. Ne devait-on pas faire aussi celle de la prière à saint Michel, à l'occasion de sa fête, dont l'anniversaire se lie si admirablement avec celui de la naissance d'Henri-*Dieudonné* ? N'est-ce pas par une loyale dévotion que les légitimistes ont le plus à se faire remarquer ? Et à l'heure présente, la prudence leur fait-elle un devoir de contenir tout élan de confiance dans nos appuis surnaturels ?

En lisant sur la couverture de cette brochure, dans laquelle nous est donné le compte rendu définitif de la *Guienne,* ces trois titres mis en bon ordre :

La Messe, — Le Banquet, — Les discours,

nous avons cru d'abord que la plus ample satisfaction nous allait être donnée, ainsi que nous l'avions espéré. Par son refus et l'indécision prolongée où elle nous a laissé avant de le formuler, elle nous avait mis, il est vrai, dans la nécessité de publier nous-même une petite brochure pour ne pas laisser passer l'actualité des réponses qu'elle aurait dû faire immédiatement aux erreurs et aux appréciations malsonnantes répandues par les principaux organes de la presse bordelaise; mais, pour laisser subsister, autant que possible, les apparences favorables (1) d'une bonne harmonie entre elle et nous, et les moyens les plus doux de la rendre réelle et efficace, nous avions voulu laisser à son narrateur le soin de dire qu'une prière à l'Archange saint Michel, pour le salut de la France, indulgenciée par Son Ém. Mgr le Cardinal Donnet, avait été récitée à haute voix, après la Messe, par un des membres de la pieuse assemblée.

Cette prière, nous l'avons récitée d'accord avec M. l'abbé Fraigneau, fondateur de l'Œuvre de la Messe royale de Notre-Dame de Bordeaux, et avec M. Brédif de Reverdy, membre de la Commission

---

(1) Grâce à d'honorables encouragements, nous ne tarderons pas à publier des écrits qui auraient dû paraître, il y a longtemps, mais qui heureusement n'ont rien perdu de leur actualité. Ils montreront que nos efforts et nos sacrifices, pour sauver ces apparences, ne pouvaient pas se prolonger sans négligence de notre devoir d'employer, pour le bien public, tous les moyens que nous tenons de la divine Providence. Notre mutisme à cet endroit n'a été jusqu'ici que le résultat d'un funeste abus de notre excessive déférence à l'égard des directeurs du journal que nous sommes encore obligé de considérer comme l'organe officiel de la foi politique et des croyances religieuses que nous professons.

de la fête chargé de régler la partie relative à la cérémonie religieuse. Et nous nous étions adressés la veille, à ces Messieurs, sur les indications qui nous avaient été données au bureau de la *Guienne !*

Tous les assistants étaient intéressés à recevoir, pendant la Messe, cette prière, que les loueuses de chaises auraient distribuées utilement, sans un contre-ordre donné à l'insu de M. l'abbé Fraigneau et au nôtre.

Avant la récitation de notre prière, quelques paroles ont été prononcées par M. l'abbé Fraigneau pour en donner avis. Tout le monde a vu le signe par lequel il a retenu l'assemblée, en faisant cesser le jeu des orgues; mais les personnes en grand nombre qui ne l'ont pas entendu, se sont retirées sans avoir pu s'expliquer cette partie nouvelle de la cérémonie.

L'explication n'en aurait manqué à personne, et tout le monde aurait été satisfait, si, le soir, sur un simple avis de M. le Président, la prière qui avait été récitée après la messe s'était vendue à la sortie du banquet. Nous étions prêt à faire cette vente au profit des écoles chrétiennes (1). Au sortir de l'église, nous en fîmes la proposition à M. Desmirail.

---

(1) Leur part est également assurée sur le produit de la présente brochure.

Nous n'avions pas oublié qu'il avait fait, l'an passé, d'inutiles efforts auprès de la Commission, qu'il préside, pour la faire admettre ; mais nous ne pouvions pas préjuger d'une pareille résistance pour cette année.

Plus confiant dans les secours du ciel que dans les habiletés humaines, nous avons l'intention de répandre cette prière dans toute la France, s'il est possible. Puisse le ciel vouloir qu'un résultat si désirable et de si bon augure au moment actuel, soit atteint par notre petite brochure, à laquelle elle est jointe.

Et qu'on ne dise pas, comme nous l'avons déjà entendu, que nous faisons beaucoup de bruit pour d'insignifiants détails.

Il y a dans les manifestations les plus solennelles, lorsqu'elles sont respectables, des détails très minces au premier aspect, mais qui servent à marquer, plus vivement que tout le reste, l'esprit qui doit animer les manifestants. Leur omission dans un compte rendu pourrait faire douter de la présence de cet esprit. Ces détails ne peuvent passer inaperçus, et il ne faut pas, en les négligeant, laisser contre nos manifestations l'avantage à la critique de ceux qui n'ont pas intérêt à les approuver.

COMPTES RENDUS

DU

BANQUET LÉGITIMISTE

DE BORDEAUX

RECTIFICATIONS IMPORTANTES

BORDEAUX

IMPRIMERIE GÉNÉRALE D'ÉMILE CRUGY

16, rue et hôtel Saint-Siméon, 16

1880

COMPTES RENDUS

DU

BANQUET LÉGITIMISTE

DE BORDEAUX

RECTIFICATIONS IMPORTANTES

Nous nous faisons l'interprète d'un grand nombre de royalistes, nos amis politiques, Bordelais comme nous, qui gémissent avec nous de voir que les aspirations et le mouvement progressif de la France catholique n'aient pas dans la ville du 12 mars et du 29 septembre un organe plus attentif, plus ardent et plus prompt à la polémique que partout ailleurs. Comme nous, ils auraient voulu qu'un article magistral eût pu paraître, dès le 2 octobre, pour relever les appréciations malveillantes ou erronées, qui ont été lues, le 1er de ce mois, dans les comptes rendus du banquet légitimiste donnés par les feuilles les plus importantes de notre cité : par le *Journal de Bordeaux* et par *la Gironde*.

On a lu dans le *Journal de Bordeaux* la phrase suivante : « *On a porté la santé de M. le comte de Chambord, en lui promettant le royaume de France. Agé aujourd'hui de soixante ans, le prince, en faveur duquel se forment ces vœux, est peut-être moins désireux de les voir s'accomplir que ses partisans.* »

On trouve ensuite dans ce journal, qui a été passablement accrédité, cette observation plus maligne qu'instructive tout en étant très fausse dans son application au cas présent : « *Il est rare que les banquets n'aient pas pour résultat de grossir en apparence les rangs d'un parti ; mais les recrues qui se font dans ces agapes se retirent comme elles sont venues.* »

Il y a enfin cette ironie plus flatteuse que maladroite : « *Nous avons vu* LES CURIEUX *ouvrir leurs rangs* AVEC RESPECT *devant un vieillard qui portait dans un vase un grand lys en fleur.* »

La Gironde s'exprime ainsi à l'endroit de M. de Carayon-Latour : « *Dans un langage excessivement violent, le colonel, qui ne l'est plus, prend sa revanche des déboires que lui a apportées l'année écoulée.* »

Cette appréciation se condamne elle-même par son invraisemblance. Il y a au moins onze cents témoins contre un pour en affirmer la fausseté (1).

Mais ce qu'il importe le plus de reprendre dans cet organe de la publicité, ce sont les travestissements du langage dans lequel M. de Carayon s'est exprimé. Le journal qui s'est affublé du nom de notre glorieux département, fait dire au vaillant et

---

(1) Ceci soit dit en attendant la publication des discours dans une brochure annoncée par la *Guienne,* dont les rédacteurs ont refusé d'insérer la lettre ci-après.

généreux soldat qui a été commandant des mobiles de la Gironde, et qui le sera toujours : « *Autant je suis indulgent pour les soldats, autant je serai sans pitié pour les chefs. Il fallait les voir, ceux-là, ces gredins* (sic) *en 1870 : s'improvisant ministre de la guerre, désorganisant tout, puis, lorsqu'ils se voyaient débordés, se réfugiant tranquillement à Saint-Sébastien, pendant que ce qui restait de soldats achevait de se faire bravement tuer. C'était eux les véritables uhlans, les éclaireurs des Prussiens.* »

Laissant à nos lecteurs le soin de balayer, dans cette phrase ce qui sent le style qui n'appartient qu'au radicalisme, et de reconnaître tout ce qu'il y a de vrai, nous nous plairons à rétablir dans son exacte vérité l'application qui a été faite par M. de Carayon d'un mot trop souvent et trop légèrement employé aujourd'hui.

Nous allons donc rectifier et compléter ce qui a été dit dans les principaux comptes rendus du banquet légitimiste de la ville du 12 mars, et c'est en nous adressant à la Rédaction du *Journal de Bordeaux* qu'il nous a semblé tout naturel de remplir cette tâche.

Talence, 2 octobre 1880.

A Messieurs les Rédacteurs du JOURNAL DE BORDEAUX

Les désirs qui font battre le cœur de M. le comte de Chambord pour la France répondent vivement, n'en doutez pas, à la confiance avec laquelle les monarchistes éclairés forment des vœux pour une véritable restauration du royaume.

Loin d'émousser ces désirs, les *soixante années* du prince exilé leur ont donné une fermeté égale à celle de ses principes. Tout le monde le sait : l'auguste prince l'a publiquement et assez souvent affirmé.

C'est donc avec une confiance bien fondée que nous renouvelons nos vœux, lorsque nous voyons une année nouvelle s'ajouter à celles qui nous ont conservé nos plus chères espérances, avec la santé de M. le comte de Chambord, et la force toujours croissante des sentiments que lui inspire, pour le bien de la France, l'amour de son devoir et le culte de son droit.

Notre confiance est d'autant plus sereine qu'elle puise sa vie dans la foi qui nous fait croire que l'heure est à Dieu, pour la fin comme pour le commencement de toutes choses, et qui nous aide à attendre cette heure avec une patience chrétienne.

Oui, *l'heure est à Dieu*, mais la prière est à l'homme : la prière, à laquelle Dieu n'est jamais sourd, et qui peut avancer l'heure de la délivrance pour tous ceux qui souffrent l'exil et la persécution pour son saint nom.

C'est pourquoi, aux jours anniversaires de la naissance du Duc de Bordeaux, on nous voit tous réunis au pied du saint autel. Nous prions pour le salut de la France et le triomphe de l'Église par l'intercession de l'archange saint Michel, leur protecteur, sous les auspices duquel a eu lieu cette heureuse naissance (1).

Et, en pensant au pouvoir du glorieux chef de la milice céleste, nous implorons aussi le secours de la Reine immaculée des Anges : *La fleur blanche,* qui a été mise en honneur, en décorant, pendant notre banquet, la poitrine de M. le comte de Chambord, dont le buste était à sa place, a été portée avec respect dans le sanctuaire de Notre-Dame de Talence, où l'on peut encore aller respirer avec son parfum celui des sentiments que fait naître dans l'âme la pensée de la protection toute puissante que Marie assure à tous ceux qui mettent en Elle, après Dieu, toute leur confiance.

Merci, Monsieur, de nous avoir donné l'occasion d'expliquer ce que c'était que cette fleur blanche, que d'autres que vous ont pu voir, mais qui n'était pas un lys, eu égard à la saison actuelle.

La bienveillance que nous avons trouvée, du reste, dans le récit que vous avez fait de notre banquet, nous donne à regretter que vous n'ayez pas songé à reproduire le mouvement chrétien dans lequel M. de Carayon-Latour a voulu apaiser toute irritation, dissiper de funestes préjugés et prévenir de tristes défaillances, en nous disant que, moins heureux que

---

(1) La prière à saint Michel, qui a été récitée à Notre-Dame après la messe de la fête, se vendra au profit des Écoles chrétiennes chez les marchands d'objets de piété.

nous, nos adversaires en général n'étaient pas nés dans des conditions au milieu desquelles l'esprit de nos pères ait pu leur être transmis intact, et que l'on devait réserver toute son indignation pour ceux qui, ayant reçu une éducation française, se faisaient les docteurs et les propagateurs des mauvaises traditions de tous les temps et de tous les pays; qu'à ceux-là seuls pouvait s'appliquer l'épithète de *gredins* si souvent mal employée aujourd'hui.

Cela n'a pu se dire avec l'éloquence du cœur, avec une franchise toute militaire, sans laisser une profonde impression en tous ceux qui l'ont entendu; et, parmi les honnêtes Bordelais qui ont pris part à *nos agapes*, personne, assurément, n'a pu *se retirer comme il était venu*.

Ah! Monsieur, que de sentiments, que de principes nous rapprochent! Mettons de côté tout esprit de parti et rendons possible le retour de la Monarchie, en invitant tous les vrais conservateurs à se serrer autour de M. le comte de Chambord.

A.-L. MÉNARD,

propriétaire à Talence.

Bordeaux. — Imp. gén. d'Émile CRUGY, rue et hôtel Saint-Siméon, 16.

RECTIFICATIONS IMPORTANTES

AUX

COMPTES RENDUS

DU

BANQUET LÉGITIMISTE

DE BORDEAUX

notamment

A CEUX DE LA GUIENNE

Nous nous faisons l'interprète d'un grand nombre de royalistes, nos amis politiques, Bordelais comme nous, qui gémissent avec nous de voir que les aspirations et le mouvement progressif de la France catholique n'aient pas, dans la ville du 12 mars 1814 et du 29 septembre 1820, un organe plus attentif, plus ardent et plus prompt à la polémique que partout ailleurs. Comme nous, ils auraient voulu qu'un article magistral eût pû paraître, dès le 2 octobre, pour relever les appréciations malveillantes ou erronées, qui ont été lues, le premier de ce mois, dans les comptes rendus du banquet légitimiste donnés par les feuilles les plus importantes de notre cité : par le *Journal de Bordeaux* et par *la Gironde*.

Nous avons lu dans le *Journal de Bordeaux* la phrase suivante : « *On a porté la santé de M. le comte de Chambord, en lui promettant le royaume de France. Agé aujourd'hui de soixante ans, le prince, en faveur duquel se forment ces vœux, est peut-être moins désireux de les voir s'accomplir que ses partisans.* »

On trouve ensuite dans ce journal, qui a été passablement accrédité, cette observation plus maligne qu'instructive et de tous points très fausse dans son application au cas présent : « *Il est rare que les banquets n'aient pas pour résultat de grossir en apparence les rangs d'un parti; mais les recrues qui se font dans ces agapes se retirent comme elles sont venues.* »

Il y a enfin cette ironie plus flatteuse que maladroite, ou, pour mieux dire, cette remarque qui pourrait se prendre en bonne part, mais à laquelle est due une explication : « *Nous avons vu* LES CURIEUX *ouvrir leurs rangs* AVEC RESPECT *devant un vieillard qui portait dans un vase un grand lys en fleur.* »

Quant à *la Gironde*, elle s'exprime ainsi à l'endroit de M. de Carayon-Latour : « *Dans un langage excessivement violent, le colonel, qui ne l'est plus, prend sa revanche des déboires que lui a apportés l'année écoulée.* »

Cette appréciation se condamne elle-même par son invraisemblance. Il y a au moins onze cents témoins contre un pour en affirmer la fausseté (1).

Mais ce qu'il importe le plus de reprendre dans cet organe de la publicité, ce sont les travestissements du langage dans lequel M. de Carayon s'est exprimé. Le journal qui s'est affublé du nom de notre glorieux département, fait dire au vaillant et généreux volontaire, qui a été commandant des mobiles de la Gironde, et qui le sera toujours : « *Autant je suis indulgent pour les soldats, autant je serai sans pitié pour les chefs. Il fallait les voir, ceux-là, ces gredins* (sic) *en 1870 : s'improvisant ministre de la guerre, désorganisant tout, puis, lorsqu'ils se voyaient débordés, se réfugiant tranquillement à Saint-Sébastien, pendant que ce qui restait de soldats achevait de se faire bravement tuer. C'était eux les véritables uhlans, les éclaireurs des Prussiens.* »

Laissant à nos lecteurs le soin de balayer, dans cette phrase, ce qui sent le style qui n'appartient qu'au radicalisme, et de reconnaître tout ce qu'elle contient d'historique, la lettre suivante rétablit dans son exacte vérité l'application qui a été faite par M. de Carayon d'un mot trop souvent et trop légèrement employé aujourd'hui, en bonne compagnie.

Nous allons donc rectifier et compléter ce qui a

---

(1) Ceci soit dit en attendant la publication du discours de M. de Carayon dans une brochure annoncée par la *Guienne*, dont les rédacteurs, inutilement sollicités pendant cinq jours, ont refusé d'insérer la lettre ci-après.

été dit dans les principaux comptes rendus du banquet légitimiste de la ville du 12 mars, et c'est en nous adressant à la Rédaction du *Journal de Bordeaux* qu'il nous a semblé tout naturel de remplir cette tâche.

Talence, 2 octobre 1880.

A Messieurs
les Rédacteurs du Journal de Bordeaux.

Les désirs qui font battre le cœur de M. le comte de Chambord pour la France répondent vivement, n'en doutez pas, à la confiance avec laquelle les monarchistes éclairés forment des vœux pour une véritable restauration du royaume.

Loin d'émousser ces désirs, les *soixante années* du prince exilé leur ont donné une fermeté égale à celle de ses principes. Tout le monde le sait : l'auguste prince l'a publiquement et assez souvent affirmé.

C'est donc avec une confiance bien fondée que nous renouvelons nos vœux, lorsque nous voyons une année nouvelle s'ajouter à celles qui nous ont conservé nos plus chères espérances, avec la santé de M. le comte de Chambord, et la force toujours croissante des sentiments que lui inspire, pour le bien de la France, l'amour de son devoir et le culte de son droit.

Notre confiance est d'autant plus sereine qu'elle puise sa vie dans la foi qui nous fait croire que l'heure est à Dieu, pour la fin comme pour le commencement de toutes choses, et qui nous aide à attendre cette heure avec une patience chrétienne.

Oui, *l'heure est à Dieu*, mais la prière est à l'homme : la prière, à laquelle Dieu n'est jamais sourd, et qui peut avancer l'heure de la délivrance pour tous ceux qui souffrent l'exil et la persécution pour son saint nom.

C'est pourquoi, aux jours anniversaires de la naissance du Duc de Bordeaux, on nous voit tous réunis au pied du saint autel. Nous prions pour le salut de la France et le triomphe de l'Église, par l'intercession de l'archange saint Michel, leur protecteur, sous les auspices duquel a eu lieu cette heureuse naissance (1).

Et, en pensant au pouvoir du glorieux chef de la milice céleste, nous implorons aussi le secours de la Reine immaculée des Anges : *La fleur blanche,* qui a été mise en honneur, en décorant, pendant notre

---

(1) La prière à saint Michel, qui a été récitée à Notre-Dame après la messe de la fête, se vendra au profit des Écoles chrétiennes chez les marchands d'objets de piété.

banquet, la poitrine de M. le comte de Chambord, dont le buste était à sa place, a été portée avec respect dans le sanctuaire de Notre-Dame de Talence, où l'on peut encore aller respirer avec son parfum celui des sentiments que fait naître dans l'âme la pensée de la protection toute puissante assurée à tous ceux qui mettent en Marie, après Dieu, toute leur confiance.

Merci, Messieurs, de nous avoir donné l'occasion d'expliquer ce détail de la décoration symbolique de notre salle de banquet. Cette fleur blanche que d'autres ont pu voir comme vous, sans la comprendre, était la fleur que l'on pourrait effectivement appeler le lys de la verte et douce automne; c'était une tubéreuse dans la plénitude de son épanouissement et de sa beauté.

La bienveillance que nous avons trouvée, du reste, dans le récit que vous avez fait de notre banquet, nous donne à regretter, Messieurs, que vous n'ayez pas songé à reproduire le mouvement chrétien dans lequel M. de Carayon-Latour a voulu apaiser toute irritation, dissiper de funestes préjugés et prévenir de nouvelles défaillances, lorsqu'il nous a dit que, moins heureux que nous, nos adversaires en général n'étaient pas nés dans des conditions au milieu desquelles l'esprit de nos pères ait pu leur être transmis intact, et que l'on devait réserver toute son indignation pour ceux qui, ayant reçu une éducation française, se faisaient les docteurs et les propagateurs des mauvaises traditions de tous les temps et de tous les pays (1).

Cela n'a pu se dire avec l'éloquence du cœur, avec une franchise toute militaire, sans laisser la meilleure et la plus profonde impression en tous ceux qui l'ont entendu; et, parmi les honnêtes Bordelais qui ont pris part à *nos agapes*, personne, assurément, n'a pu *se retirer comme il était venu*.

Ah! Messieurs, que de sentiments, que de principes nous rapprochent! Mettons de côté tout esprit de parti et rendons possible le retour de la Monarchie, en invitant tous les vrais conservateurs à se serrer autour de M. le comte de Chambord.

A.-L. MÉNARD,

propriétaire à Talence.

---

(1) C'est dans une expression militaire de cette noble pensée que le mot de gredin est sorti de la bouche de l'orateur malgré lui.

DISCOURS DE M. DESMIRAIL

Après avoir fait ressortir, dans le discours de M. de Carayon-Latour, la pensée la plus propre à toucher les cœurs et à ramener les esprits, il nous reste à reproduire les principaux passages du discours de M. Desmirail. Nous nous faisons un devoir d'aider ainsi le narrateur de la *Guienne* à propager les enseignements du séculaire magistrat qui nous montre en sa personne, un exemplaire des procureurs généraux dont le règne des Bourbons peut encore nous avantager :

« Messieurs, je viens de passer par de rudes épreu-
» ves; la maladie s'était appesantie sur moi; mais
» malgré mon âge, Dieu a voulu me laisser encore
» au milieu de vous. Je suis heureux, Messieurs, de
» vous témoigner ma profonde gratitude pour l'hon-
» neur que vous m'avez fait en m'appelant une

» seconde fois à la présidence de notre banquet du
» 29 septembre.

» Je dis notre banquet, Messieurs, et à dessein,
» car nous en avons été les instigateurs; et si nos
» amis ont presque partout suivi l'exemple et l'élan
» que nous leur avons donné, c'est une satisfaction
» de plus pour nous. Lyon, Marseille, Nantes, Tou-
» louse, Agen, que sais-je ? Paris même, qui s'est
» divisé en diverses sections. Leur dévouement peut
» bien égaler le nôtre, mais le dépasser : jamais. »

Après avoir tracé l'ordre dans lequel les discours vont être prononcés, M. Desmirail s'exprime ainsi :

« Voilà le programme, Messieurs; je devrais m'y
» arrêter, mais comment passer sous silence les
» choses fatales que subit le pays depuis l'année
» dernière ?

» La religion ouvertement et clandestinement pour-
» suivie; ses dignes ministres, les uns déjà chassés
» de France comme des malfaiteurs, les autres
» menacés du même sort et dès demain bannis peut-
» être; les pères de famille privés de leurs droits les
» plus sacrés; grand nombre de magistrats contraints
» de quitter leurs sièges pour sauvegarder leur hon-
» neur et obéir à leur conscience, beaucoup d'autres
» accusés de forfaiture; l'armée privée de ses chefs
» les plus renommés... et, hideux contraste ! le

» crime, non seulement réhabilité, mais honoré,
» récompensé!... et les auteurs de ces actes impies,
» iniques, croyant s'abriter sous le suffrage universel,
» instrument stupide digne de ceux qui l'invo-
» quent (1). — C'est simplement, Messieurs, un
» bouleversement social.

» Que penser enfin de cette ambition qui se ca-
» che, de cette dictature occulte qui aspire à se
» montrer bientôt dans toute sa splendeur en Bona-
» parte ou en Empereur Ier?

» Le peuple commence à s'indigner pourtant, il
» ouvre les yeux et sa déception l'humilie; il s'in-
» digne de penser qu'une flotte française est expé-
» diée sur les mers pour être commandée par un
» amiral Anglais, résolution dangereuse, capable de
» compromettre la paix du monde.

» Mais l'échafaudage qu'on croit si solide s'ébranle,
» les changements de ministres médiocres, remplacés
»   ar des ministres plus médiocres encore, ne font

---

(1) Le *suffrage universel, sagement et honnêtement pratiqué*, entre essentiellement dans le programme de notre monarchie représentative; non pas quant au chef de l'État, mais quant au pouvoir législatif, qui n'a de raison d'être que comme conseiller direct du peuple, dûment représenté, devant le pouvoir administratif du roi, de même que la Chambre haute n'est constituée, par le Roi, que pour être son conseil suprême devant le peuple. Ainsi l'entend, sans doute, M. Desmirail.

» qu'aggraver la situation. Est-ce le prélude d'une
» chute définitive ? Peut-être. Les Républicains fei-
» gnent-ils d'oublier leur propre adage : *Il n'est qu'un*
» *pas du Capitole à la roche Tarpéienne*. En effet,
» n'entendez-vous pas de toutes parts les longs
» gémissements de la liberté expirante ? Et cette
» source invisible de l'opinion publique qui grandit
» à chaque heure, qui est avec nous, qui est pour
» nous, la comptez-vous pour rien ? Non, Messieurs,
» le moment approche, voici bientôt l'heure mar-
» quée où Dieu couronnera la vertu de la foi et de
» l'espérance ! »

D. O. M.

www.ingramcontent.com/pod-product-compliance
Lightning Source LLC
Chambersburg PA
CBHW060911050426
42453CB00010B/1664